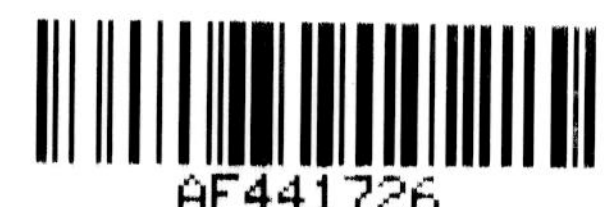
AF441726

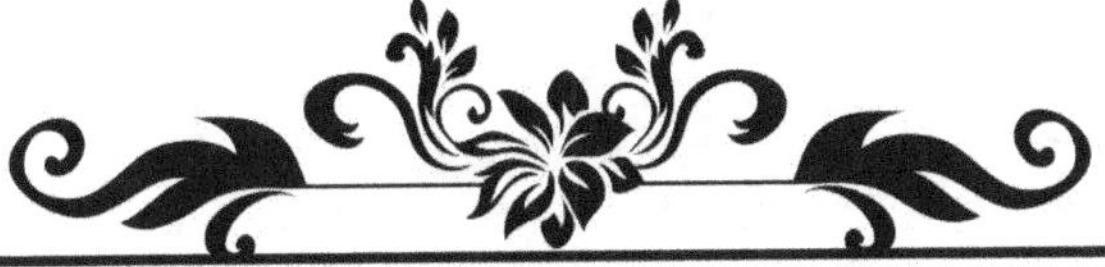

Ce journal appartient à :

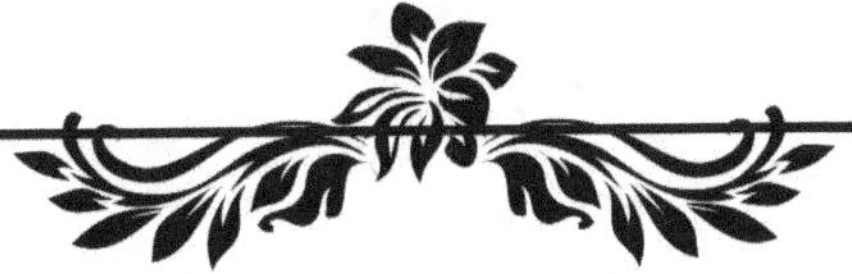

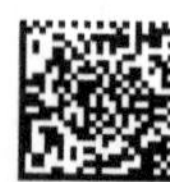
www.ingramcontent.com/pod-product-compliance
Lightning Source LLC
Chambersburg PA
CBHW070545160726
48003CB00005B/1901
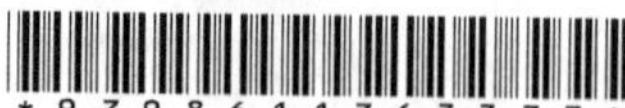